UN PROTECTORAT DISPARU

L'ANNEXION DE TAHITI ET DE SES DÉPENDANCES

Assez souvent un État faible est mis sous la protection d'un État plus fort au profit duquel il consent à restreindre sa souveraineté extérieure et même sa souveraineté intérieure. On dit alors qu'il y a établissement d'un protectorat (1).

Bien que reconnu par le droit international (2), un pareil régime ne peut, à raison des circonstances dans lesquelles il prend naissance, être considéré comme une forme définitive. En effet, l'État protecteur, en signant le traité de protection, obéit à l'un des deux mobiles suivants :

Ou il a l'intention de conquérir lui-même le pays placé sous son protectorat ;

Ou il veut empêcher la conquête de ce pays par une puissance rivale.

Dans le premier cas, dès qu'il ne craindra plus de soulever des protestations trop vives, il annexera purement et simplement l'État protégé.

Dans le second cas, dès que tout danger lui semblera conjuré, il proclamera l'autonomie et l'indépendance de cet État.

En toute occurrence, il s'empressera de renoncer à un pouvoir de contrôle qui engage sa responsabilité (3) sans lui procurer de sérieux avantages en compensation.

Ainsi les traités de protection ne créent qu'une situation provisoire : ils constituent un simple expédient de la politique générale et particulièrement de la politique dite coloniale.

***

(1) Cons., à ce sujet, Bonfils, *Manuel de dr. intern. public*, nº 176 ; F. de Martens, *Traité de dr. intern.*, édit. Léo, t. I, p. 331 et suiv. ; Despagnet, *Cours de dr. intern. public*, p. 82 et suiv ; Funck-Brentano et Sorel, *Précis de dr. des gens*, p. 151 et suiv ; Carnazza-Amari, *Traité de dr. intern. public*, t. I, p. 268 et suiv.

(2) V. l'acte général de Berlin signé le 26 février 1885, art. 34, qui exige la notification aux autres puissances pour tout établissement d'un protectorat sur les côtes du continent africain.

(3) Pendant la guerre de Crimée, 1854-1855, le protectorat de l'Angleterre sur les îles Ioniennes donna lieu à une difficulté. Un navire chargé de contrebande, et naviguant sous le pavillon ionien, ayant été capturé, la question se posa de savoir si la République ionienne pouvait être considérée comme neutre quand la Grande-Bretagne, sa protectrice, se trouvait engagée dans une guerre. La Cour d'amirauté anglaise se prononça pour l'affirmative. (Lawrence, *Commentaire sur les Éléments de droit international de Henry Wheaton*, t. I, p. 232).

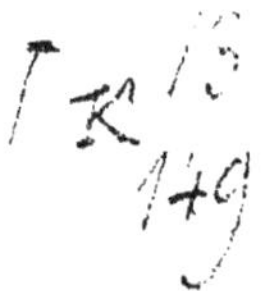

Est-ce là une affirmation gratuite de notre part ? Nullement. Des faits nombreux (1), se rapportant à diverses époques, corroborent ce que nous venons de dire. C'est l'un de ces faits que nous voulons ici étudier. Nous nous proposons, en effet, de retracer, en quelques pages, l'histoire du protectorat que la France a exercé de 1843 à 1880 sur Tahiti et ses dépendances (2).

Rechercher dans quelles circonstances ce protectorat a été établi, de quelle façon il a été organisé et comment il a pris fin, tel sera le plan de ce travail.

I. — Établissement du protectorat.

Depuis de longues années, les Français qui se livraient au commerce ou à la pêche (3) dans les îles de la Société, étaient exposés à d'incessantes vexations (4) lorsque, en 1838, notre gouvernement se décida à sortir de son indifférence et à agir d'une façon énergique.

Le capitaine de vaisseau Abel Dupetit-Thouars, commandant la frégate la *Vénus*, fut chargé d'aller à Papeete, capitale de Tahiti (5), à l'effet de demander des réparations pour le passé et des gages pour l'avenir. Sous la menace d'une déclaration de guerre immédiate, la Reine Pomaré IV offrit de traiter.

Le 4 septembre 1838, fut signée une convention (6) qui portait : « Il y aura paix perpétuelle et amitié entre les Français et les habitants d'O'-Taïti. Les Français, quelle que soit leur profession, pourront aller et venir librement, s'établir et commercer dans toutes les îles qui composent le gouvernement d'O'Taïti ; ils y seront reçus et protégés comme les étrangers les plus favorisés. Les sujets de la Reine des îles d'O'Taïti pour-

(1) Voici quelques-uns de ces faits :

a) La République de Cracovie, placée par le traité du 3 mai 1815 sous le protectorat de la Russie, de la Prusse et de l'Autriche, a été incorporée à cette dernière puissance en 1846.

b) Les îles Ioniennes, placées sous le protectorat de l'Angleterre par le traité du 5 novembre 1815, ont été réunies à la Grèce en 1864.

c) La Principauté de Monaco, placée sous le protectorat de la Sardaigne par le traité du 20 novembre 1815, est considérée comme Etat souverain depuis 1861.

(2) Les îles Tahiti et Moorea avec les îlots Tetouaroa et Mehetia forment le groupe dit « Iles du Vent ». Les îles Tahaa, Houaheïne, Raïatea, Borabora, avec quelques îlots, forment le groupe dit « Iles sous le Vent ». Ces deux groupes constituent les « Iles de la Société ». Le protectorat dont il s'agit ici concerne uniquement les îles du Vent, qu'on appelle à tort dans certains documents îles de la Société. Quant aux îles sous le Vent, dont l'indépendance avait été reconnue par la convention franco-anglaise du 19 juin 1847, elles ont été annexées à la France en mars 1888. — Au point de vue géographique, cons. l'*Atlas Schrader* (Colonies françaises d'Océanie).

(3) La France avait de nombreux baleiniers sur les côtes de Tahiti.

(4) Il s'agissait d'assassinats, de vols, de pillages, d'insultes.

(5) Cette capitale compte actuellement 3209 habitants.

(6) De Clercq, *Recueil des traités de la France*, t. IV, p. 435.

ront également venir en France ; ils y seront reçus et protégés comme les étrangers les plus favorisés » (1).

D'après les termes si généraux de cette convention, les Français catholiques semblaient autorisés à professer librement leur religion (2). Telle ne fut pas cependant la manière de voir du gouvernement tahitien. A l'instigation des méthodistes anglais (3), il promulgua une loi défendant « l'enseignement des doctrines étrangères au culte en vigueur » (4), c'est-à-dire au culte protestant (5).

Pour mettre fin à cette équivoque, le ministère français crut devoir compléter la convention de 1838. Sur son ordre, le capitaine La Place, commandant la frégate l'*Artémise*, fit signer à la Reine Pomaré, le 20 juin 1839, un article additionnel ainsi conçu (6) : « Le libre exercice de la religion catholique est permis dans l'île d'O'Taïti et dans toutes les autres possessions de la Reine Pomaré. Les Français catholiques y jouiront de tous les privilèges accordés aux protestants, sans que pourtant ils puissent sous aucun prétexte s'immiscer dans les affaires religieuses du pays ».

Toutes ces stipulations demeurèrent lettre morte. Les attentats contre la liberté et la propriété de nos nationaux se reproduisirent avec une telle fréquence qu'une action diplomatique fut jugée indispensable. M. Dupetit-Thouars, alors contre-amiral, commandant la station navale de l'Océan pacifique, adressa le 8 septembre 1842 (7) à la Reine et aux grands chefs une déclaration dans laquelle il énumérait de nombreux griefs et formulait certaines demandes. « C'est avec un vif sentiment de peine, disait-il, que j'ai reconnu qu'il n'existe peut-être pas un seul Français à Tahiti qui n'ait à se plaindre de la conduite inique ou rigoureuse du gouvernement de la Reine à son égard. Contrairement à vos propres lois, les domiciles de plusieurs Français ont été violés pendant leur absence, et leurs maisons, ainsi forcées, sont restées ouvertes et exposées

(1) Après la conclusion de cet arrangement, la France accrédita auprès de la Reine Pomaré un consul chargé de défendre les intérêts de nos nationaux. M. Moërenhout, homme de valeur, fut désigné pour occuper ce poste.

(2) Avant la convention de 1838, la propagande catholique avait été entravée. C'est ainsi que deux prêtres catholiques venus de France à Tahiti avaient été rembarqués de force le 12 décembre 1837 (Louis Henrique, *Les colonies françaises*, Tahiti, p. 5).

(3) Les missionnaires protestants, depuis 1797, évangélisaient la population tahitienne sur laquelle ils avaient acquis une grande influence (V. Exposé des motifs présenté aux Chambres le 29 novembre 1880, *Journ, off.*, 1880, p. 11672).

(4) Louis Henrique, *Les colonies françaises*, Tahiti, p. 4.

(5) La religion protestante était considérée depuis longtemps à Tahiti comme religion d'État (Exposé des motifs présenté aux Chambres le 29 novembre 1880, *op. cit.*)

(6) De Clercq, *Recueil des traités de la France*, t. IV, p. 491.

(7) De Clercq, *Recueil des traités de la France*, t. IV, p. 643 et suiv.

au pillage ; des spoliations de propriétés ont été violemment et injustement prononcées et exécutées plus brutalement encore. Plusieurs de nos compatriotes ont été frappés par des agents de police dont le devoir était de les protéger ; d'autres ont été jetés en prison sans jugement préalable, traités en criminels et mis au bloc comme de vils scélérats sans avoir pu se faire entendre, etc. Puisque nous n'avons aucune justice à attendre du gouvernement de Tahiti, je ne demanderai point à la Reine, ni aux chefs principaux de nouveaux traités ; leur parole à laquelle ils manquent sans cesse ne peut plus aujourd'hui nous inspirer de confiance ; des garanties matérielles seules peuvent assurer nos droits ».

En conséquence, le contre-amiral exigeait les sûretés suivantes :

1º Une somme de dix mille piastres devait être versée, dans un délai de deux fois vingt-quatre heures, entre les mains du commis de l'administration de la frégate la *Reine Blanche*. Cette somme, ainsi consignée, devait être remise à la Reine Pomaré, sur l'ordre du gouvernement du Roi, « lorsque les traités avec la France auraient été fidèlement exécutés et que les indemnités, dont il appartenait au gouvernement français seul de déterminer et de prononcer la validité et la quotité, auraient été acquittées ».

2º A défaut de versement de cette somme, le fort de la Reine et les établissements de Moutou-Outa dans l'île de Tahiti devaient être provisoirement remis et occupés par des troupes françaises jusqu'au règlement des indemnités.

3º Au cas où ces garanties seraient refusées, « une détermination encore plus rigoureuse devait être prise ».

Toutefois, le contre-amiral autorisait la Reine et les principaux chefs « à lui soumettre, dans les premières vingt-quatre heures du délai fixé plus haut, toute disposition d'accommodement capable d'apaiser le juste ressentiment de sa nation, si vivement excitée contre eux, et conduire à une sincère réconciliation entre les deux peuples qui avaient de grandes sympathies de caractère et que l'on s'efforçait malheureusement de diviser ».

La réponse ne se fit pas longtemps attendre. Dès le lendemain, 9 septembre 1842, la Reine et les grands chefs, comprenant l'inutilité de toute résistance, adressaient à M. Dupetit-Thouars une demande de protectorat (1) : « Parce que, disaient-ils, nous ne pouvons continuer à gouverner par nous-mêmes, dans le présent état de choses, de manière à conserver la bonne harmonie avec les gouvernements étrangers, sans nous exposer à perdre nos îles, notre liberté et notre autorité ; nous,

____

(1) De Clercq, *Recueil des traités de la France*, t. IV, p. 645.

les soussignés, la Reine et les grands chefs de Tahiti, nous écrivons les présentes pour solliciter le Roi des Français de nous prendre sous sa protection ».

Par le même acte, ils indiquaient les conditions auxquelles ils subordonnaient leur soumission :

« 1° La souveraineté de la Reine et son autorité et l'autorité des chefs sur leurs peuples seraient garanties ;

2° Toutes les lois et les règlements seraient faits au nom de la Reine Pomaré et signés par elle ;

3° La possession des terres de la Reine et du peuple leur serait garantie. Ces terres leur resteraient. Toutes les disputes relatives au droit de propriété ou des propriétaires des terres, seraient de la juridiction spéciale des tribunaux du pays ;

4° Chacun serait libre dans l'exercice de son culte ou de sa religion ;

5° Les églises existantes continueraient d'être, et les missionnaires anglais continueraient leurs fonctions sans être molestés ; il en serait de même pour tout autre culte ; personne ne pourrait être molesté, ni contrarié dans sa croyance ».

Sous ces conditions, ils déclaraient laisser entre les mains du Roi des Français « la direction de toutes les affaires avec les gouvernements étrangers, de même que tout ce qui concernait les résidents étrangers, les règlements de port, » et, en outre, ils lui reconnaissaient « le droit de prendre toute autre mesure qu'il pourrait juger utile pour la conservation de la bonne harmonie et de la paix ».

M. Dupetit-Thouars estima qu'une pareille combinaison était susceptible de sauvegarder les intérêts français. Aussi il écrivit immédiatement à la Reine et aux grands chefs (1) pour les informer qu'il acceptait, au nom de la France, leur proposition, dans les termes où elle avait été faite, réservant seulement la ratification du Roi. En même temps, et, de sa propre initiative, il prit certaines mesures qui lui semblèrent ne pouvoir être différées. Ainsi, il désigna M. Moërenhout, alors consul de France, pour remplir les fonctions de commissaire royal auprès de la Reine Pomaré ; il chargea le régent de Tahiti de notifier l'établissement du protectorat aux consuls des puissances étrangères, et il ordonna de placer sur le fort de Moutou-Outa, en signe d'alliance, l'ancien pavillon des îles Tahiti écartelé du pavillon français (2).

En outre de ces mesures, il conclut, à la même date, avec la Reine et

____

(1) V. à ce propos la réponse de l'amiral Dupetit-Thouars, en date du 9 septembre 1842, dans de Clercq, *Recueil des traités de la France*, t. IV, p. 647.

(2) V. à ce propos la note adressée, le 9 septembre 1842, par M. l'amiral Dupetit-Thouars au régent de Tahiti, dans de Clercq, *Recueil des traités de la France*, t. IV, p. 648.

les grands chefs, une convention destinée à donner au protectorat une organisation provisoire (1). Cette convention avait pour objet principal l'institution à Papeete d'un Conseil de gouvernement (2), qui « était investi du pouvoir administratif et exécutif et des relations extérieures des États de la Reine ». Ses autres stipulations tendaient à garantir « la sûreté individuelle, les propriétés et l'ordre public ».

L'établissement du protectorat, réclamé par les indigènes (3), ne donna lieu à aucune récrimination sérieuse de la part des étrangers. Les résidents et les missionnaires anglais eux-mêmes, en gens avisés, l'acceptèrent favorablement (4).

Les premiers, par une lettre adressée à M. Dupetit-Thouars le 19 septembre 1842, disaient : « Nous sommes heureux qu'il ait été mis un terme aux désordres et aux pratiques répréhensibles qui ont jusqu'à présent caractérisé ce port, et nous nous félicitons que vous ayez, *pro tempore*, ainsi qu'il résulte de votre proclamation, fait de si bonnes lois et règlements et donné de si bonnes garanties pour la protection de la propriété et l'administration de la justice » (5).

Quant aux seconds, ils ne se montraient pas moins enthousiastes. Leur lettre, datée du 21 septembre 1842, portait : « Nous avons l'honneur d'assurer que, comme ministres de l'Évangile de paix, nous considérons comme notre devoir impérieux d'exhorter le peuple de ces îles à prêter une obéissance paisible et uniforme au gouvernement existant, considérant que, par ce moyen, il agira de la manière la plus conforme à ses propres intérêts, et surtout cette obéissance étant commandée par les lois divines que nous nous sommes appliqués particulièrement jusqu'à présent à enseigner » (6).

Le contre-amiral Dupetit-Thouars répondit aux uns et aux autres pour les remercier de leur concours, ajoutant qu'il espérait « faire naître à Tahiti cette ère de prospérité que chacun entrevoyait » mais qui ne pou-

(1) Traité conclu, le 9 septembre 1842, entre l'amiral Dupetit-Thouars et la Reine Pomaré et les chefs des îles de la Société au sujet du protectorat de ces îles par la France (De Clercq, *Recueil des traités de la France*, t. IV, p. 649 et suiv.).

(2) Ce Conseil était composé du commissaire du Roi près le gouvernement de Sa Majesté la Reine Pomaré, du gouverneur militaire de Papeete, du capitaine de port de Papeete.

(3) V. l'adhésion du grand chef Paofai à la demande de protectorat en date du 9 septembre 1842, dans de Clercq, *Recueil des traités de la France*, t. IV, p. 646.

(4) Il est à remarquer que l'Angleterre, si hautaine dans ses réclamations diplomatiques, s'incline promptement devant les faits accomplis. Ainsi, après l'établissement de notre protectorat sur la Tunisie, elle a de suite aboli la juridiction de ses consuls (Ordre du Conseil en date du 31 décembre 1883). Les autres puissances, sauf la Suède-Norvège et le Danemark, n'ont donné que plus tard leur consentement.

(5) De Clercq, *Recueil des traités de la France*, t. IV, p. 652.

(6) De Clercq, *Recueil des traités de la France*, t. IV, p. 653.

vait être obtenue qu'au moyen « de lois protectrices pour tous et également obéies de tous » (1).

En présence de manifestations si favorables, le Roi Louis-Philippe se décida à donner sa ratification le 25 mars 1843 (2). M. le capitaine de vaisseau Bruat, gouverneur des établissements français d'Océanie et commissaire royal près la Reine Pomaré (3), fut envoyé avec pleins pouvoirs à Tahiti où il arriva le 4 novembre 1843.

Au début, on put croire que le régime nouveau s'implanterait assez facilement. Mais peu à peu de graves complications surgirent, grâce aux intrigues de M. Pritchard, missionnaire et consul anglais, « qui, absent de l'archipel au moment du traité, y était retourné avec de puissants moyens de séduction : de l'argent, une voiture et un habit rouge pour le mari de la Reine » (4). Sur les conseils de cet agent « semi-religieux, semi-commercial, semi-politique » (5), la Reine Pomaré chercha à s'affranchir de ses engagements. Elle écrivit à la Reine Victoria une lettre dans laquelle elle disait que, « ne reconnaissant pas le protectorat français sur ses domaines », elle sollicitait une assistance puissante et prompte, afin de pouvoir être réinstallée dans son gouvernement » (6). Et, pour bien montrer l'existence d'une entente avec l'Angleterre, elle fit hisser sur sa demeure, à la place du pavillon du protectorat, un pavillon « assez bizarre » (7) que lui avait donné le commandant de la *Vindictive*, navire anglais.

L'amiral français, dès qu'il fut averti de cette substitution, prit un arrêté en date du 3 novembre 1843, par lequel il disposait « que le pavillon de la France serait successivement placé sur tous les points de défense et de protection des îles de la Société » (8). A cet arrêté, la Reine répondit aussitôt en termes très vifs. « Elle ne pouvait, disait-elle, se rendre en aucune manière à la demande d'amener son pavillon, parce

---

(1) Lettre adressée le 20 septembre 1842 par le contre-amiral Dupetit-Thouars à MM. les résidents de la Grande-Bretagne (De Clercq, *Recueil des traités de la France*, t. IV, p. 653). V. aussi la lettre adressée le 25 septembre 1842 par le contre-amiral Dupetit-Thouars à MM. les ministres protestants résidant à Tahiti (De Clercq, *op. cit.*, t. IV, p. 654).

(2) De Clercq, *Recueil des traités de la France*, t. V, p. 7.

(3) Ordonnance du 17 avril 1843.

(4) Discours prononcé par M. de Carné à la Chambre des députés le 29 février 1844, *Moniteur universel* du 1er mars 1844, p. 455.

(5) Discours de M. de Carné, prononcé à la Chambre des députés le 29 février 1844, *op. cit.*

(6) Cette lettre est relatée dans le discours que Berryer prononça à la Chambre des députés le 27 mai 1844, *Moniteur universel* du lundi 27 et du mardi 28 mai 1844, p. 1536.

(7) Dans le discours qu'il prononça devant la Chambre des députés le 29 février 1844, M. de Mackau, ministre de la marine, donna la description du pavillon. C'était l'ancien pavillon de Tahiti dans lequel on avait placé une couronne, tressée de palmes de cocotier. (*Moniteur universel* du 1er mars 1844, p. 456).

(8) Rapport du contre-amiral Dupetit-Thouars au ministre de la marine en date du 15 novembre 1843, *Moniteur universel* du 16 avril 1844, p. 959.

qu'il portait l'emblème de sa souveraineté et parce que le traité n'avait rien stipulé à cet égard » ; elle ajoutait « que quiconque porterait atteinte à son pavillon serait coupable » (1).

En même temps que se produisait le conflit relatif au pavillon (2), les officiers de la marine anglaise multipliaient les attaques et les provocations de tous genres à l'encontre de nos officiers. Le commodore Toup Nicholas faisait « débarquer des canons et essayait de les placer en batterie dans des positions propres à défendre l'entrée de la rade » (3).

Un pareil état de choses ne pouvait se prolonger.

Le 6 novembre 1843, M. l'amiral Dupetit-Thouars, après avoir vainement sommé la Reine d'amener son pavillon, déclara le protectorat aboli et plaça Tahiti sous la souveraineté absolue de la France (4).

En agissant ainsi, il avait fait ce que les circonstances lui avaient commandé de faire. Du moment que le fonctionnement de notre protectorat était rendu impossible par les menées des agents anglais, il devenait nécessaire, pour sauvegarder nos droits, de recourir à une occupation pure et simple.

L'acte « grave » (5) accompli par M. Dupetit-Thouars était donc pleinement justifié. Néanmoins, l'Angleterre, toujours jalouse et arrogante, fit entendre des protestations. Le 22 février 1844, sir Robert Peel, répondant à une interpellation, prononça, devant la Chambre des communes, les paroles suivantes : « Je crois que l'amiral français, dans ces mers, a pris possession de l'île de Tahiti et que la Reine indigène a été déposée. Tout ce que je puis dire, quant à présent, à ce sujet, c'est que je déplore grandement ce qui est arrivé. Je n'ai aucune raison de croire actuellement que ce qui a eu lieu a été fait avec la sanction préalable ou en vertu d'instructions émanées du gouvernement français » (6).

Trois jours après cette déclaration, le gouvernement français s'empressait de désavouer le contre-amiral (7). Voici la note que publiait, à ce sujet,

(1) Cette lettre est relatée dans le discours de M. de Carné du 29 février 1844.

(2) Pour les détails, il faut consulter les débats qui eurent lieu devant la Chambre de députés le 29 février 1844, *Moniteur universel* du 1er mars 1844, p. 455 et suiv.

(3) Discours de M. de Carné prononcé à la Chambre des députés le 29 février 1844, *op. cit.*

(4) Rapport du contre-amiral Dupetit-Thouars au ministre de la marine en date du 15 novembre 1843, *op. cit.* — Les pièces relatives aux affaires de Tahiti se trouvent dans le *Moniteur universel* du 23 avril 1844, p. 1036 et suiv. Les documents diplomatiques se trouvent dans le même numéro du *Moniteur universel*, p. 1040.

(5) Discours de M. de Carné, prononcé à la Chambre des députés le 29 février 1844, *op. cit.*

(6) Discours de M. de Carné, prononcé à la Chambre des députés le 29 février 1844, *op. cit.*

(7) Notre ministre des affaires étrangères, dans la séance du 29 février 1844, affirma que, du 16 (date de la première interpellation adressée à Robert Peel) au 26, il n'y avait eu sur ce sujet aucune communication entre le gouvernement français et le gouvernement anglais (*Moniteur universel* du 1er mars 1844, p. 456). Cette affirmation fut accueillie avec scepticisme par la Chambre des députés.

le *Moniteur universel* du lundi 26 février 1844 (1) : « Le gouvernement a reçu des nouvelles de l'île de Tahiti, en date du 1er au 9 novembre 1843. M. le contre-amiral Dupetit-Thouars, arrivé dans la baie de Papeete le 1er novembre pour exécuter le traité du 9 septembre, que le Roi avait ratifié, a cru devoir ne pas s'en tenir aux stipulations de ce traité et prendre possession de la souveraineté entière de l'île. La Reine Pomaré a écrit au Roi pour réclamer les dispositions du traité qui lui assurent la souveraineté intérieure de son pays et le supplier de la rétablir dans ses droits. Le Roi, de l'avis du Conseil, ne trouvant pas, dans les faits rapportés, de motifs suffisants pour déroger au traité du 9 septembre 1842, a ordonné l'exécution pure et simple de ce traité et l'établissement du protectorat français dans l'île de Tahiti ».

Les termes vagues dans lesquels on enveloppait le désaveu, ne pouvaient tromper personne. Le véritable motif était la crainte de déplaire au Foreign Office (2). En faisant une telle concession, le Roi et ses ministres avaient obéi à cette tendance générale qui depuis 1830 pousse nos hommes d'État à s'incliner devant les prétentions les plus exorbitantes de la Grande-Bretagne et qui, à une date récente, s'est encore manifestée à propos des affaires d'Égypte (3).

Aussi, l'opinion publique jugea-t-elle avec sévérité ce qu'elle considérait comme une reculade. On accusa Louis-Philippe de n'avoir pas, en cette circonstance, défendu l'honneur et les intérêts matériels de notre nation. Se faisant l'interprète du sentiment populaire, Berryer dirigea contre la Monarchie de Juillet un violent réquisitoire. Dans un discours prononcé à la Chambre des députés les lundi 27 et mardi 28 mai 1844 (4), il montra que le contre-amiral Dupetit-Thouars n'avait mérité aucun reproche : « Il a fait ce qu'il devait faire, s'écria-t-il. Il a soutenu les droits et la dignité de la France. Il a agi conformément à ses instructions (5) ; on lui avait dit que le gouvernement et la nation française

----

(1) *Moniteur universel* du 26 février 1844, p. 413.

(2) Il convient de dire qu'à ce moment un voyage du Tsar à Windsor pouvait faire prévoir la formation d'une entente anglo-russe contre la France (Debidour, *Histoire diplomatique de l'Europe*, t. I, p. 415).

(3) M. de Freycinet, en 1882, ne sut ou ne voulut pas contrecarrer les projets de l'Angleterre qui, sous prétexte de rétablir l'ordre, occupa militairement l'Égypte et qui depuis lors a oublié de l'évacuer. Ses successeurs ont suivi la même politique hésitante et timide à propos des difficultés que les agents britanniques nous ont suscitées au Siam ou à Madagascar.

(4) *Moniteur universel* des lundi 27 et mardi 28 mai 1844, *Supplément*, nos 148 et 149, p. 1534 et suiv., et du mercredi 29 mai 1844, *Supplément*, no 150, p. 1543 et suiv.

(5) Instructions données au mois d'avril 1843 par l'amiral Roussin, ministre de la marine, au capitaine Bruat. Ces instructions furent communiquées dans le port de Valparaiso à l'amiral Dupetit-Thouars. Berryer en donna lecture à la Chambre, lors de son discours prononcé le 27 mai 1844.

avaient les yeux attachés sur cette expédition ; et quand il voyait de tels pièges tendus par les Anglais, quand il voyait de telles intelligences avec eux, quand il voyait les signes d'intelligence maintenus malgré ses injonctions, il n'avait pas autre chose à faire que ce qu'il a fait ; il n'avait pas à hésiter. Il fallait que les rivaux jaloux vissent une action prompte de la part de la France, et renonçassent à leurs tentatives, à leurs manœuvres obscures contre nos établissements ». Et l'orateur continua en montrant dans quelle situation fàcheuse nos officiers de marine se trouveraient à la suite de ce désaveu qu'ils ignoreraient pendant plusieurs mois (1). « Huit mois se seront écoulés avant qu'on ait la nouvelle du désaveu, huit mois, durant lesquels il y aura eu bien des efforts et des surprises de la part des marins français, placés en face d'un ennemi jaloux et faisant ce que des Français, si rapides par la pensée et par l'action, savent faire quand ils veulent résister à un ennemi qui cherche à leur disputer le terrain sur lequel ils sont placés ! Oui, pendant ces huit mois, que n'auront pas fait nos marins, nos officiers, pour se maintenir, pour se fortifier, pour consolider leur autorité ? Et qu'arrivera-t-il après ces huit mois ? Il leur faudra abandonner cette position ; il faudra que l'amiral Dupetit-Thouars quitte ce pays, qu'il traverse les mers et que partout où il relâchera on voie l'homme qui a bravé l'Anglais à Tahiti, envoyé, après un désaveu de son gouvernement, je ne sais dans quels parages, je ne sais en quelle mission, dans les mers les plus éloignées sans doute, afin qu'il ne puisse revenir de sitôt dans son pays ».

Ce que Berryer avait prévu arriva.

A Tahiti, la prise de possession n'avait pu s'accomplir sans de grandes difficultés. Nos officiers de marine s'étaient trouvés en présence d'une sérieuse agitation que les missionnaires anglais avaient habilement fomentée. Voulant mettre fin à ces troubles, M. le commandant d'Aubigny prit une mesure énergique à l'égard de M. Pritchard, qui pouvait être considéré comme le fauteur principal du désordre et qui venait de résigner ses fonctions consulaires. Il le fit arrêter, enfermer dans un blockhaus et ensuite embarquer dans une frégate. Cela se passait en mars 1844 (2).

Dès que ce petit incident fut connu en Angleterre, il y eut un tolle général. A son débarquement, M. Pritchard « fut accueilli comme un martyr. La foule voulait le voir, l'entendre, et, le zèle anglican aidant, l'exas-

---

(1) A l'époque de la navigation à voile, le voyage de Tahiti en France durait de six à huit mois.

(2) V. pour les détails sur l'affaire Pritchard, Calvo, *Le dr. intern. th. et prat.*, 4e édit., t. III, p. 238 ; F. de Martens, *Traité de dr. intern.*, édit. Léo, t. II, p. 113 et 114 ; Despagnet, *Cours de dr. intern. public*, p. 377.

pération du peuple britannique contre la France et son gouvernement fut bientôt portée à son paroxysme » (1).

Devant ces colères hypocrites, Louis-Philippe crut devoir s'incliner de nouveau. Non seulement il fit présenter des excuses au cabinet anglais, mais il accorda au révérend expulsé une somme de 25.000 francs (2), bien qu'aucune réparation ne pût être exigée d'après les principes du droit international (3).

Toutes ces démarches humiliantes, accomplies par notre gouvernement, avaient eu pour résultat d'encourager les indigènes à la résistance. L'insurrection s'était développée à Tahiti. Pour la réprimer, on dut entreprendre une véritable expédition qui fut marquée par des épisodes sanglants et qui se termina seulement en septembre 1846 par la prise de Fautahua (4).

II. — ORGANISATION DU PROTECTORAT.

La pacification une fois achevée, il devenait nécessaire d'organiser le protectorat qu'on se résignait à maintenir. Dans ce but, le gouvernement français, à la date du 5 août 1847, conclut une convention avec la Reine Pomaré (5).

En vertu de cet acte, les îles Tahiti-Moorea formaient un seul État (6), appelé « Iles de la Société » (7), qui était mis sous la protection immédiate et exclusive de S. M. le Roi des Français, représenté par un commissaire (art. 1 et 4).

La France, en qualité de puissance protectrice, était investie de certains droits. Ces droits, qui lui étaient ainsi reconnus, avaient pour effet de restreindre notablement la souveraineté interne et externe des îles de la Société. Voyons en quoi consistaient ces restrictions.

A. *Restrictions apportées à la souveraineté externe.* — Toutes les relations extérieures des îles de la Société étaient dirigées exclusivement par la France (art. 35).

(1) Debidour, *Histoire diplomatique de l'Europe*, t. I, p. 413.

(2) Ces faits eurent lieu successivement le 29 août et le 2 septembre 1844.

(3) En règle générale, les consuls, n'étant pas les représentants de l'État qui les accrédite, ne jouissent pas des immunités et des privilèges diplomatiques ; ils sont donc soumis à la juridiction civile ou criminelle du pays. Une double exception doit être faite quand les consuls sont accrédités comme chargés d'affaires ou quand ils peuvent se prévaloir de conventions particulières (Heffter, *Le dr. intern. de l'Europe*, édit. Geffcken, p. 564 et suiv).

(4) Alfred Rambaud, *La France coloniale*, édit. de 1886, p. 561 ; Louis Henrique, *Les colonies françaises*, Tahiti, p. 8.

(5) De Clercq, *Recueil des traités de la France*, t. V, p. 525.

(6) L'article 1er de la convention dit : « État libre et indépendant ». Mais ce langage est inexact. Tout État protégé dépend nécessairement d'un autre État.

(7) Cette appellation n'était point exacte. V. les renseignements géographiques donnés plus haut, p. 331, note 1.

Aucun étranger ne pouvait entrer en communication avec la Reine sans avoir obtenu l'autorisation du commissaire du Roi (art. 36).

Aucun résident étranger, à un titre quelconque, ne pouvait, par privilège ou autrement, s'immiscer dans l'administration du pays ou provoquer des actes politiques (art. 37).

Les consuls français étaient considérés, auprès des puissances étrangères, comme ayant le caractère de consuls ou de vice-consuls des îles de la Société ; ils devaient assurer leur protection aux sujets de ces îles (art. 40).

Pour attester le protectorat, l'ancien pavillon tahitien, écartelé du pavillon français, devait flotter sur les établissements municipaux (art. 38).

Enfin, la France se chargeait de la défense du pays contre une agression étrangère. A cet effet, elle avait seule droit d'avoir des forces militaires, elle élevait et occupait des forteresses, elle tenait garnison sur tous les points stratégiques, elle arborait son drapeau sur les ouvrages défensifs (art. 2 et 38).

B. *Restrictions apportées à la souveraineté interne.* — L'organisation intérieure des îles de la Société était réglée avec l'approbation de la France (art. 3). Son commissaire intervenait surtout à propos de la confection des lois, de la justice et de la police.

a) Confection des lois. — Le commissaire français nommait, de concert avec la Reine, et sur la proposition des notables, les chefs qui étaient investis du pouvoir législatif (art. 10). Il convoquait, d'accord avec elle, l'assemblée législative (art. 7) ; il pouvait y assister ou s'y faire représenter ; il pouvait aussi y prendre la parole, lorsqu'il le jugeait nécessaire (art. 9).

Il devait donner sa sanction à tout projet de loi voté par cette assemblée (art. 24).

Enfin, dans l'intervalle de deux sessions, il avait le droit de faire, de concert avec la Reine, des règlements ayant force de loi jusqu'à ce qu'ils aient été adoptés ou rejetés par l'assemblée législative (art. 28).

b) Justice. — Le commissaire français prenait part à la nomination et à la révocation des juges (art. 15 et 16). Il les convoquait de concert avec la Reine aux époques fixées par la loi (art. 15). Les grands juges, lorsqu'ils s'assemblaient, lui adressaient un rapport sur ce qui avait été fait dans le trimestre précédent (art. 19).

c) Police. — Le commissaire français avait la haute police des îles (art. 34).

Il approuvait, de concert avec la Reine, le choix que le chef et les juges de district faisaient relativement aux hommes de police (art. 17).

Il prenait, de concert avec la Reine, les arrêtés de simple police concernant les Indiens (art. 27).

Il avait le commandement des milices indigènes, dont la levée ne pouvait avoir lieu que d'après son autorisation ou sur son ordre (art. 32).

L'autonomie des îles de la Société, déjà atteinte par toutes les restrictions qu'avait établies le traité de 1847, fut encore amoindrie dans la suite. En effet, on étendit peu à peu à ces îles des ordonnances concernant certaines colonies (1).

Dans cette pensée d'assimilation fut promulgué le décret du 18 août 1868, organisant la justice pour les établissements français de l'Océanie et les États de protectorat (2). D'après ce décret, les tribunaux français devaient connaître non seulement des crimes, délits et contraventions, mais aussi de toutes les affaires civiles ou commerciales, quelle que fût la nationalité des parties ou des prévenus. La loi française devait être seule appliquée par eux (art. 3, 4 et 30).

Toutefois, cette règle générale comportait une exception : les contestations entre Tahitiens, relatives à la propriété des terres, étaient soumises à la juridiction des Tohitu (grands juges) (art. 4, alin. 2).

Malgré cette réserve, le décret de 1868 avait une très grande portée ; car il enlevait à l'État protégé le droit de juridiction, c'est-à-dire la principale prérogative de la souveraineté interne. Du reste, il ne faisait à cet égard que confirmer, en la développant, l'ordonnance rendue trois ans avant par la Reine elle-même (3).

On pouvait donc dire dès cette époque que les îles de la Société constituaient plutôt une colonie véritable qu'un protectorat.

III. — FIN DU PROTECTORAT.

Tel qu'il avait été organisé par la convention de 1847, le protectorat put fonctionner d'une façon assez régulière pendant quelques années.

---

(1) L'exposé des motifs, présenté aux Chambres en 1880, cite deux ordonnances importantes qui furent ainsi étendues : 1º L'ordonnance du 27 août 1828 concernant la Guyane française (*Bulletin des lois*, VIIIᵉ série, 1828, nº 9863) ; 2º L'ordonnance du 28 avril 1843 sur l'administration de justice aux îles Marquises (*Bulletin des lois*, IXᵉ série, 1843, partie principale, nº 10645). M. Rambaud prétend que cette dernière ordonnance a seule été étendue à Tahiti par un arrêté du 13 avril 1845 et ensuite par un décret du 14 janvier 1860 (*La France coloniale*, p. 572).

(2) *Bulletin des lois*, XIᵉ série, 1868, partie principale, nº 16347.

(3) Ordonnance de la Reine Pomaré en date du 14 décembre 1865. — Cette ordonnance attribuait aux tribunaux français des États du protectorat la connaissance des crimes, délits ou contraventions commis par les Tahitiens, aussi bien que le règlement de leurs contestations ayant pour objet des intérêts civils autres que ceux relatifs à la propriété des terres. (V. le rapport présenté à l'Empereur par l'amiral Rigault de Genouilly, ministre de la marine et des colonies, en date du 18 août 1868, *Bulletin des lois*, XIᵉ série, 1868, partie principale, nº 16346).

Mais, en 1852, une grave insurrection éclata (1). Grâce à notre appui, la Reine parvint à ressaisir le pouvoir qu'elle avait un instant perdu ; elle le conserva jusqu'à sa mort qui survint en février 1877. Son fils Arii-Aué fut appelé à lui succéder sous le nom de Pomaré V.

A partir de ce moment, notre situation dans l'archipel de la Société parut menacée.

D'une part, le nouveau Roi, par suite de son mariage avec la fille d'un résident anglais (2), se trouvait entouré d'influences hostiles à notre cause. Sans doute, jusque là il s'était « montré plein de déférence envers le représentant de la France et très disposé à favoriser l'assimilation graduelle de son pays » (3) ; mais, à la longue, il pouvait se laisser circonvenir.

D'autre part, l'Allemagne et l'Angleterre, pour constituer ou développer leur domaine colonial, envoyaient des navires en Océanie (4) avec la mission d'entrer en négociations avec les chefs indigènes et de s'emparer des territoires insuffisamment occupés par d'autres puissances (5).

Tout cela était inquiétant. Ne fallait-il pas craindre le renouvellement d'intrigues dirigées contre nous ? Notre prestige n'allait-il pas être singulièrement diminué grâce aux progrès des nations rivales ?

Pour parer à ces éventualités, une seule solution était possible : celle que M. Dupetit-Thouars avait préconisée en 1843 et qui consistait à transformer le protectorat en occupation définitive. Aussi bien, un tel changement était facile à réaliser ; car, « par la force des choses, l'autonomie locale avait presque disparu, notre intervention dans l'administration intérieure du pays étant devenue plus complète » (6). Quant aux avan-

(1) Louis Henrique, *Les colonies françaises*, Tahiti, p. 9.

(2) Ce résident, appelé Salmon, s'était marié à une cheffesse tahitienne Ariitaïmaï (V. Alfred Rambaud, *La France coloniale*, p. 562).

(3) Exposé des motifs présenté aux Chambres le 29 novembre 1880, *op. cit.*

(4) L'Angleterre, en 1874, a établi son protectorat sur les îles Viti ou Fiji. Quant à l'Allemagne, elle a fondé, en 1878, un dépôt de charbon à Jaluit (Marshall), mais son action dans l'Océanie a été relativement limitée jusqu'en 1884. A partir de cette époque seulement, elle a placé sous son autorité plus ou moins directe : 1° la partie Nord-Est de la Nouvelle-Guinée ; 2° les îles Marshall ; 3° l'archipel Bismarck, connu jadis sous le nom de Nouvelle-Bretagne ; 4° l'archipel Salomon. Ajoutons que les îles Samoa ont été soumises à une sorte de condominium de l'Angleterre, des États-Unis et de l'Allemagne. Cette dernière prétend que, « vu les conditions de développement historique de cet archipel et la prépondérance des intérêts allemands, le protectorat de l'Allemagne est seul possible » (V. le *Temps* du 30 avril 1894).

(5) C'est ainsi qu'une canonnière allemande, en 1885, tenta de s'emparer de l'île de Yap, l'une des Carolines. L'Espagne protesta avec une rare énergie, invoquant des droits antérieurs. Ses revendications furent reconnues fondées par le Pape Léon XIII qui, en cette circonstance, joua le rôle de médiateur (V. Calvo, *Le dr. intern. th. et prat.*, 4e édit., t. III, p. 416 ; Selosse, *L'affaire des Carolines*).

(6) Rapport de M. Godin à la Chambre des députés, *Journ. off.*, 1880, p. 12161, 12813 12924. Ce rapport contient des indications sur les produits, le climat et la population du pays.

tages qui devaient en résulter, ils étaient évidents. Nous allions devenir les maîtres absolus d'une colonie dont l'importance politique et économique ne pouvait manquer de s'accroître dans un avenir prochain. En effet, Tahiti se trouvait placée à mi-chemin entre l'Amérique et l'Australie sur la grande voie que le percement de l'isthme de Panama devait ouvrir à la navigation (1).

Toutes ces considérations parurent déterminantes au gouvernement français qui, dès le 9 septembre 1879, donna mission à son représentant d'agir en ce sens. Des négociations furent aussitôt entamées. Suspendues quelque temps et reprises avec activité, elles ne tardèrent pas à aboutir. Au mois de mai 1880, le Roi, devant faire un voyage, chargea le commissaire français de gouverner par intérim durant son absence (2). Un mois après, il se décida à faire entre les mains de cet agent un abandon de tous ses droits. Le 29 juin 1880, à Papeete, en présence des chefs assemblés, lecture fut donnée de l'acte qui constatait sa résolution. Dans ce document (3), Pomaré V s'exprimait de la façon suivante : « Parce que nous apprécions le gouvernement que la France a donné aujourd'hui à nos États, et parce que nous connaissons les bonnes intentions de la République française à l'égard de notre peuple et de notre pays dont elle veut augmenter le bonheur et la prospérité ; voulant donner au gouvernement de la République française une preuve éclatante de notre confiance et de notre amitié ; déclarons, par les présentes, en notre nom personnel et au nom de nos descendants et successeurs, remettre complètement et pour toujours entre les mains de la France le gouvernement et l'administration de nos États, comme aussi tous nos droits et pouvoirs sur les îles de la Société et dépendances ; nos États sont ainsi réunis à la France ». Il terminait en faisant certaines stipulations tant dans son intérêt personnel que dans l'intérêt de ses sujets. Elles avaient trait à l'application des lois, au jugement de certains procès, au maintien de ses titres, à l'exercice du droit de grâce. « Nous demandons à ce grand pays, disait-il, de continuer à gouverner notre peuple en tenant compte des lois et coutumes tahitiennes. Nous demandons aussi de faire juger toutes les petites affaires par nos Conseils de district, afin d'éviter pour les habitants des déplacements et des frais onéreux. Nous désirons enfin

---

(1) Exposé des motifs présenté aux Chambres le 29 novembre 1880, *op. cit.* M. Elisée Reclus dit à ce propos : « Quand le détroit de Panama aura été percé, les îles de la Société se trouveront précisément à moitié chemin de la grande écluse américaine et du continent australien : elles prendront alors une importance de premier ordre comme étape de commerce » (*Géographie universelle,* t. XIV, p. 956). Malheureusement la catastrophe financière, qui s'est produite en ces derniers temps, retardera la réalisation de ces espérances.

(2) Exposé des motifs présenté aux Chambres le 29 novembre 1880, *op. cit.*

(3) Cette déclaration se trouve au *Journal officiel,* 1880, p. 12925.

que l'on continue à laisser toutes les affaires relatives aux terres entre les mains des tribunaux indigènes. Quant à nous, nous conservons pour nous-même le titre de Roi et tous les honneurs et préséances attachés à ce titre : le pavillon tahitien avec le yacht français pourra, quand nous le voudrons, continuer à flotter sur notre palais. Nous désirons aussi conserver personnellement le droit de grâce qui nous a été accordé par la la loi tahitienne du 28 mars 1866 ».

A la déclaration signée par le Roi et les chefs, M. Chessé, commandant des établissements français de l'Océanie, répondit en publiant deux déclarations (1).

Par la première, il acceptait, sous réserve de la ratification du gouvernement, la remise que le Roi Pomaré V avait faite à la France de ses droits et pouvoirs sur les « îles de la Société et dépendances ».

Par la seconde, il s'engageait, au nom de la France : 1° à payer au Roi et aux membres de sa famille des pensions annuelles et viagères dont le total s'élevait à 91.200 francs ; 2° à payer de suite les dettes qu'avait laissées à sa mort la Reine Pomaré IV et dont le montant pouvait être fixé à 20 ou 25.000 francs environ ; 3° à faire terminer la construction du palais royal commencé, dont la dépense pouvait être évaluée approximativement à 25 ou 30.000 francs (2).

L'accord intervenu entre le représentant de la France et le Roi de Tahiti ne pouvait être ratifié par le Président de la République française seul. En effet, il s'agissait d'adjoindre un territoire et d'engager les finances de l'État ; or cela ne pouvait avoir lieu d'après la Constitution qu'avec l'assentiment du pouvoir législatif (3).

A la date du 29 novembre 1880, l'amiral Cloué, ministre de la marine et des colonies, tant en son nom qu'au nom du ministre des finances et du ministre de la justice, déposa sur le bureau de la Chambre (4) un projet de loi accompagné d'un exposé des motifs qui faisait l'historique de la question (5).

L'urgence ayant été déclarée (6), ce projet fut adopté sans hésitation par la Chambre des députés (7), sur le rapport de M. Godin (8). Soumis

(1) Ces déclarations se trouvent au *Journal officiel*, 1880, p. 12925.
(2) Dépêche adressée le 5 juillet 1880 par le commandant de Tahiti au ministre de la marine et des colonies, *Journ. off.*, 1880, p. 12924.
(3) Loi constitutionnelle des 16-18 juillet 1875, article 8.
(4) Chambre des députés, séance du 29 novembre 1880, *Journ. off.*, 1880, p. 11316.
(5) *Journ. off.*, 1880, p. 11672.
(6) Chambre des députés, séance du 9 décembre 1880, *Journ. off.*, 1880, p. 12161.
(7) Chambre des députés, séance du 18 décembre 1880, *Journ. off.*, 1880, p. 12520.
(8) Rapport de M. Godin, fait à la Chambre des députés en 1880, *op. cit.*

aux délibérations du Sénat(1), il fut l'objet d'une petite critique de la part de M. Lenoël, rapporteur de la commission (2), et il ne fut accepté qu'après avoir subi une légère retouche (3). En conséquence, il vint de nouveau devant la Chambre des députés dont l'adhésion fut du reste immédiatement obtenue (4).

Le 30 décembre 1880, fut promulguée la loi (5), qui contenait les quatre dispositions suivantes :

1° Le Président de la République était autorisé à ratifier et à faire exécuter la déclaration signée le 29 juin 1880 par le Roi Pomaré V et le commissaire de la République aux îles de la Société, portant cession à la France de la souveraineté pleine et entière de tous les territoires dépendant de la couronne de Tahiti (art. 1ᵉʳ).

2° L'île de Tahiti et ses dépendances étaient déclarées colonies françaises (art. 2).

3° La nationalité française était de plein droit acquise à tous les anciens sujets du Roi de Tahiti (art. 3).

4° Les étrangers nés dans les anciens États de protectorat et les étrangers domiciliés dans ces États depuis une année au moins pouvaient obtenir une naturalisation exceptionnelle sans accomplir de longues formalités et sans acquitter de droits de sceau (art. 4).

En même temps qu'il avait approuvé la cession, le Parlement avait reconnu les engagements pécuniaires pris envers le Roi. Dans ce but, il avait ouvert un crédit extraordinaire de 46.100 francs pour l'acquittement des dotations viagères consenties en faveur de la famille royale et dues à partir du 1ᵉʳ juillet 1880 (6).

Ainsi finit le protectorat sur Tahiti.

Ainsi doivent finir les nombreux protectorats que nous exerçons sur divers points de l'Afrique et de l'Asie (7).

Il faut même souhaiter qu'ils soient promptement transformés en véri-

---

(1) Sénat, séance du 20 décembre 1880, *Journ. off.*, 1880, p. 12604. A cette séance a été présenté un bref exposé de motifs se référant au premier exposé, *Journ. off.*, 1880,p. 13092.

(2) M. Lenoël, au nom de la commission, fit observer que, d'après le texte voté, les demandes de naturalisation formées par des étrangers étaient directement transmises au garde des sceaux sans que le ministre de la marine et des colonies fût appelé à donner son avis. Pour combler cette lacune, il proposa une petite addition qu'on retrouve dans la loi définitive. (Sénat, séance du 23 décembre 1880, *Journ. off.*, 1880, p. 12785).

(3) Sénat, séance du 27 décembre 1880, *Journ. off.*, 1880, p. 12952.

(4) Chambre des députés, séance du 27 décembre 1880, *Journ. off.*; 1880, p. 12988.

(5) *Journ. off.* du 1ᵉʳ janvier 1881.

(6) Chambre des députés, séance du 20 décembre 1880, *Journ. off.*, 1880, p. 12520 ; Sénat, séance du 27 décembre 1880. *Journ. off.*, 1880, p. 12952.

(7) Citons les protectorats établis : 1° sur l'Annam et le Tonkin ; 2° sur le Cambodge ; 3° sur la Tunisie ; 4° sur Madagascar ; 5° sur les îles Comores ; 6° sur divers territoires du Sénégal, du Soudan français, de la Guinée française, de la Côte d'Ivoire, du golfe de Bénin.

tables colonies. Sinon, la France risquerait de jouer le rôle de dupe. Chaque année elle perdrait des soldats et dépenserait son argent pour maintenir l'ordre dans les territoires soumis à son autorité. Grâce à ces sacrifices, elle permettrait aux commerçants anglais ou allemands de trafiquer en paix, mais elle-même ne retirerait aucun profit appréciable. Bien plus, ayant la direction des affaires locales, elle pourrait voir sa responsabilité engagée vis-à-vis des puissances étrangères par suite d'actes que ses protégés viendraient à accomplir et qu'elle n'aurait pas toujours le moyen d'empêcher !

www.ingramcontent.com/pod-product-compliance
Lightning Source LLC
Chambersburg PA
CBHW061618050726

47595CB00007B/3008